AF257350

L 27 n
25944

ESQUISSE

RAPIDE

SUR LA VIE ET LES TRAVAUX LITTÉRAIRES

DE

COURTALON-DELAISTRE,

PAR M. SOCARD,

Bibliothécaire-Adjoint de la ville de Troyes.

TROYES.

BOUQUOT, IMPRIMEUR-LIBRAIRE, RUE NOTRE-DAME, 86.

1853.

ESQUISSE

RAPIDE

SUR LA VIE ET LES TRAVAUX LITTÉRAIRES

DE

COURTALON-DELAISTRE.

———— o ————

Ce n'est pas seulement le héros qui gagne des batailles et qui recule les frontières de sa patrie, ce n'est pas seulement le guerrier qui verse son sang, ni le magistrat qui veille à la garde des lois protectrices de l'ordre social, que l'on doit gratifier du nom de bons citoyens; ceux-là encore ont des droits à ce glorieux titre et ont bien mérité de leur pays, qui, dans le silence du cabinet, recueillent avec soin tout ce qui intéresse le sol qui les a vus naître, qui enregistrent scrupuleusement les faits destinés à passer à la génération future, et à former ce grand livre de la vie humaine qu'on appelle l'Histoire.

Tel fut l'homme vertueux, savant et humble dont nous allons nous occuper dans cette courte notice. Sa vie fut une vie sans éclat, consacrée aux saintes fonctions du ministère ecclésiastique et paroissial; mais ce fut aussi la vie d'un homme éminemment studieux qui sait trouver, au milieu des mille soucis qu'impose une lourde charge, *onus angelicis humeris formidandum,* selon une admirable expression, qui sait trouver, dis-je, du temps à donner à la littérature et aux recherches pénibles qu'exige l'étude de l'Histoire.

Nous laisserons de côté ces détails fastidieux, tant ils sont répétés, qui composent presque uniformément la vie de tout homme venu dans ce monde, pour ne nous occuper que des travaux qui ont rempli la carrière de notre modeste écrivain.

COURTALON-DELAISTRE (1) (Jean-Charles) naquit le 21 juin 1735, d'une simple famille de cultivateurs, à Dienville, commune de l'arrondissement de Bar-sur-Aube et du canton de Brienne. Après ses études ecclésiastiques terminées, il fut nommé vicaire de l'église de Saint-Jean-au-Marché. Dès cette époque, il consacra à la.Littérature tous les instants que ses occupations lui laissaient libres. Ainsi, en avril 1763, il donne une *Traduction en vers de la seconde-ode d'Horace,* liv. 2, à *Salluste.* Trois mois après, il insère dans le *Journal de Verdun* une pièce de *Vers sur la destruction de Babylone, par Cyrus.* Sans être des chefs-d'œuvre, ces poésies ne sont pas sans mérite, et l'on y trouve une certaine facilité qui les fait lire avec plaisir.

Au commencement de l'année 1764, un coche venait d'être établi de Nogent à Méry-sur-Seine, et reliait cette dernière ville à la capitale. La muse de Courtalon ne devait pas rester muette en présence d'un fait si important pour la navigation de la Seine. Elle prend le ton badin et nous donne une *Chanson pour servir d'annonce au nouveau coche de Méry-sur-Seine.* A la fin de cette même année, sans changer ses allures, elle chante *Les villageois contents, ou le parallèle de la ville et de la campagne.*

L'année 1765 nous offre, imprimée à Troyes, une *Épitre* (en vers) à *l'auteur de l'Anti-Uranie,* le P. Bonhomme, cordelier, qui

---

(1) Courtalon écrivait ainsi son nom; mais nous trouvons sur son acte de naissance le dernier nom *Delaistre* écrit *Delestres,* qui était celui de sa mère.

avait entrepris de réfuter Voltaire par des lettres en vers où le Déisme était comparé au Christianisme.

Nous n'avons rien de Courtalon dans l'année 1766 ; mais en revanche, l'année 1767 nous révèle trois petites productions d'un genre différent. D'abord un *Discours* (en vers alexandrins) *de Scipion à Allucius*, sur le trait de l'Histoire Romaine où nous voyons Scipion l'Africain, maître d'une jeune princesse, sa prisonnière, la remettre sans rançon à Allucius, prince des Celtibériens, aussitôt qu'il apprend qu'elle est sa fiancée. Ce discours, d'un style noble et élevé, montre que l'abbé Courtalon aurait pu aborder les grands sujets et marcher l'égal des premiers poètes de l'époque.

Depuis longtemps la ville de Troyes manquait d'un établissement de bains de santé. Enfin, dans l'année 1767, M. Rousselet, maître en chirurgie, en gratifia la cité. En cette circonstance, Courtalon se fit l'interprète de ses concitoyens et remercia le bienfaiteur dans une jolie petite pièce de vers. Trois mois plus tard, il publia un badinage poétique intitulé : *Epitre à mon papier*.

L'année 1768 ne nous donne de Courtalon qu'une fable tirée d'Horace : *L'avocat et le Crieur public* ; c'est le pendant de la fable *le Savetier et le Financier*, de Lafontaine. L'auteur a voulu s'essayer dans ce genre de composition, et sa muse s'y trouve à l'aise comme dans les autres genres.

Nous trouvons en 1769 une *Invocation à la Religion*, imitée du *Poème des quatre parties du jour*. Cette invocation, dit le *Journal de Verdun*, fait la conclusion de ce poème, traduit par M. Capitaine, et dédié au roi de Danemarck.

Nous voici arrivé en 1770. L'abbé Courtalon laisse un peu de côté la muse de la Poésie pour cultiver celle de l'Histoire. Ses *Recherches sur la tactique des Gaulois*, publiées dans le *Journal de Verdun*, sont un travail précieux et assez étendu sur la matière. Il est à regretter qu'il ne soit pas entièrement terminé. L'auteur en avait promis la suite ; nous ne savons pas pour quelle raison cette promesse n'a pas été tenue. Quoi qu'il en soit, ce que nous en avons nous fournit de nombreux documents sur les différents corps d'infanterie et de cavalerie qui composaient les armées Gauloises, sur leurs armes offensives et défensives, etc., aux temps des guerres de César.

Il y avait déjà plusieurs années que l'abbé Courtalon était vicaire de Saint-Jean, lorsque l'administration diocésaine l'appela au poste de chapelain à l'hôpital de Méry-sur-Seine. Cette nomination fut loin de contenter notre abbé ; mais se rappelant le vœu d'obéissance qu'il avait fait entre les mains de son évêque, il se soumit. Que dis-je ? il prit même le parti d'en rire, et composa à cet effet un *Rondeau* très-spirituel dont les premiers mots *A l'Hôpital* forment le refrain des deux couplets. Ceci se passait vers le milieu de l'année 1770.

L'abbé Courtalon ne resta pas longtemps dans ce poste secondaire : la cure de Sainte-Savine-lès-Troyes étant venue à vaquer en 1771, il y fut appelé. Il continua comme par le passé à consacrer ses loisirs aux Muses. Nous le voyons tantôt manier l'épigramme, tantôt éclaircir un point d'histoire. Ainsi, dans le *Journal de Verdun*, 1773, nous lisons une *Lettre sur l'antiquité des éventails*.

Un an après, parut à Troyes l'*Histoire de la vie et du culte de sainte Savine*. Ce petit livre, quoique imprimé sur un papier détestable, est encore recherché aujourd'hui ; on y trouve la vie de sainte Savine dégagée de toutes les pieuses exagérations du bon Desguerrois.

Comme il ne pouvait se passer à Troyes aucun événement important auquel l'abbé Courtalon n'attachât son nom, lorsque M. Tillet fit frapper une médaille pour consacrer la mémoire de la confirmation du titre et des prérogatives de capitale de la province de Champagne en faveur de la ville de Troyes, par Louis XVI, à son sacre, à Reims, en 1775, le curé de Sainte-Savine composa des vers à ce sujet et perpétua ainsi un des plus beaux privilèges de son pays.

Ce fut à la fin de l'année 1776 que Courtalon, après avoir donné sa pièce de vers intitulée : *Tableau du Monde*, négligea un peu la muse de la poésie pour ne s'occuper plus que de travaux historiques. Ainsi il publia, de concert avec M. Simon, de Troyes, l'*Almanach de la ville et du diocèse de Troyes*, depuis 1776 jusqu'à sa mort. C'est la continuation des *Ephémérides* dont Grosley avait suspendu la publication en 1769. On y retrouve le même plan, le même intérêt et le même esprit. Par les notices historiques qu'il y inséra, il prépara un ouvrage encore très-utile, même après les écrits de Grosley. Celui-ci pensait qu'une histoire locale ne pouvait être composée que par morceaux épars ; Courtalon, au contraire, suivant l'exemple d'autres écrivains, entreprit un corps d'annales, une histoire suivie dont les vides seraient comblés par des matériaux pris dans l'Histoire générale. Grosley avait amassé seulement les pierres de l'édifice à construire ; Courtalon voulut les dresser et les consolider à l'aide d'un ciment étranger. Ainsi, en même temps qu'il faisait son *Almanach*, il publiait à Troyes, de 1783 à 1786, son ouvrage capital, celui qui devait l'immortaliser dans notre pays, sa *Topographie historique de la ville et du diocèse de Troyes*, en 3 vol. in-8°. Cet ouvrage, après *La Saincteté chrestienne*, de Desguerrois, est le plus complet et le plus estimé sur l'histoire de notre ville ; quoique de la fin du siècle dernier, il devient de plus en plus rare et recherché. Le premier volume renferme deux livres : dans le livre premier sont *Les Annales Troyennes jusqu'au milieu du* XVIIIe *siècle ;* dans le second livre est le *Catalogue des Evêques de Troyes*. Le deuxième volume renferme trois autres livres : le livre troisième, où se lit la *Vie des Saints et Saintes du Diocèse ;* le livre quatrième, où se trouve l'*Histoire des Eglises séculières et régulières de la ville et des faubourgs ;* le livre cinquième, comprenant les *Jurisdictions de la ville de Troyes*, et un *Appendice* où il est parlé de l'*Arquebuse*, de la *Milice*, de l'*Ecole de Dessin*, des *Bains*, des *Rues de Troyes*, de la *Banlieue*. Le troisième volume renferme le livre sixième, où est la *Description par ordre alphabétique des villes, bourgs et villages des neuf districts ou doyennés du diocèse de Troyes*. Un septième livre était promis : il devait contenir l'histoire des hommes illustres de Troyes ; mais il n'a pas paru. C'est à propos de cet ouvrage que Courtalon eut de vifs démêlés avec Grosley, qui vit en lui un rival de sa gloire. Il est vrai de dire que les circonstances qui accompagnèrent l'apparition de la *Topographie* étaient de nature à faire naître cette idée. En effet, le premier volume des *Mémoires historiques* de Grosley, sur Troyes, venait de paraître, lorsque Courtalon annonça son ouvrage, dont le plan semblait calqué sur celui de Grosley. *Indè iræ !* Sans nous arrêter à chercher qui des deux a eu le plus de tort, disons que tous deux ont servi leur pays, et que la gloire de l'un ne doit point faire pâlir celle de l'autre.

Comme la *Topographie* est la conséquence de l'*Almanach de Troyes*, nous nous sommes laissé distraire de l'ordre chronologique dans lequel ont paru les autres productions de notre auteur ; nous le reprenons. Courtalon aimait les sciences et les arts, et partout où il était besoin d'un encouragement, on était sûr de l'y rencontrer. Aussi le voyons-nous assister à la distribution des prix de l'école gratuite de dessin, à Troyes, en 1778, et y prononcer un *Discours* remarquable *sur les Beaux-Arts*, discours qui fut imprimé à Troyes et à Paris la même année, seulement dans des formats différents.

Jaloux de faire connaître à Troyes les célébrités dont cette ville doit s'enorgueillir, il publia, en 1781, un *Eloge de Pierre Mignard, premier peintre de Louis XIV*, et une *Notice sur le fameux Rabbin-Salomon-Jarki*. Il engagea, par la voie des journaux, le chapitre de la cathédrale de Troyes à faire graver sur le marbre ou sur le cuivre l'épitaphe de Guillaume de Taix, un de ses doyens les plus illustres. L'année suivante, il donna la *Vie du pape Urbain IV, suivie de celles de Pierre de Celle, de Comestor et de Salomon-Jarki, pour servir à l'histoire littéraire de Champagne*. Ce petit ouvrage, très-goûté, est peu commun aujourd'hui. Cette même année, 1782, il fit insérer dans *L'Esprit des Journaux* une *Notice sur Antoine Carracciole, évêque de Troyes du* xvie *siècle*. Plus tard, en 1785, il donna une *Notice nécrologique* sur M. Chèvre de la Charmotte, doyen curé de Villemaur, dans le *Journal de Troyes*.

Jusqu'à la fin de sa vie, Courtalon poursuivit ses recherches historiques, la plupart insérées dans les *Annonces, Affiches et Avis divers de Troyes*, et dans *L'Esprit des Journaux* de 1782 à 1787. Toutes sont empreintes de ce cachet d'érudition qui distingue les diverses productions de notre auteur. Nous n'avons pas parlé des *Contes* et *Fables* qu'il fit paraître dans cette dernière période de sa vie : on en verra plus loin la liste. Courtalon mourut le 29 octobre 1786, à l'âge de cinquante-huit ans, après avoir gouverné l'église de Sainte-Savine pendant quinze années, et l'avoir édifiée par le spectacle de ses vertus. Il était membre de la société académique de Châlons-sur-Marne. Malgré toutes nos recherches, nous n'avons pu nous procurer son portrait pour le joindre à cette notice. Un de ses cousins était chapelain du roi.

Voici par ordre chronologique la liste des différents travaux littéraires de Courtalon, dont la plupart sont disséminés dans les journaux de l'époque.

1°. *Traduction en vers de la seconde ode d'Horace,* liv. II, *à Salluste.* Voir *Suite de la Clef, ou Journal Historique,* dit *Journal de Verdun,* avril 1763, p. 299.

2°. *Vers sur la destruction de Babylone par Cyrus.* Voir *Suite de la Clef,* etc., juin 1763, pag. 457.

3°. *Chanson pour servir d'annonce au nouveau Coche de Méry-sur-Seine.* Voir *Suite de la Clef,* etc., février 1764, p. 131.

4°. *Les villageois contents, ou le Parallèle de la ville et de la campagne.* Voir *Suite de la Clef,* etc., décembre 1764, p. 450.

5°. *Epître à l'auteur de l'Anti-Uranie* (Le P. Bonhomme, Cordelier). Troyes, 1765, in-8°.

6°. *Discours de Scipion à Allucius.* Voir *Suite de la Clef,* etc., février 1767, p. 132.

7°. *Vers à M. Rousselet. Maître en chirurgie, sur les bains de santé qu'il a nouvellement établis dans la ville de Troyes.* Voir *Suite de la Clef,* etc., juillet 1767, p. 63.

8°. *Epître à mon papier.* Voir *Suite de la Clef,* etc., septembre 1767, p. 207.

9°. Fable tirée d'Horace : l'*Avocat et le Crieur public.* Voir *Suite de la Clef,* etc., octobre 1768, p. 287.

10°. *Invocation à la Religion, imitée du poème des quatre parties du jour.* Voir *Suite de la Clef,* etc., juillet 1769, p. 59.

11°. *Recherches sur la tactique des Gaulois.* Voir *Suite de la Clef,* etc., mai 1770, p. 382; septembre 1770, p. 204; mars 1771, p. 203; décembre 1771, p. 447.

12°. *Rondeau.* Voir *Suite de la Clef,* etc., octobre, 1770, p. 302.
Ce petit poème rempli d'esprit, et dont les premiers mots : *A l'Hôpital,* forment le refrain des deux couplets, fut composé par l'auteur alors qu'il était chapelain de l'hôpital de Méry-sur-Seine.

13°. *Plutarque, poème français, ou le jugement d'un sot* (épigramme). Voir *Suite de la Clef,* etc., mars 1771, p. 224.

14°. *Lettre sur l'antiquité des Eventails.* Voir *Suite de la Clef,* etc., septembre 1773, p. 217.

15°. *Histoire de la vie et du culte de sainte Savine.* Troyes, Garnier, 1774, in-12 de 24 p.

16°. *Vers présentés à M. Tillet..... au sujet de la médaille qu'il a fait frapper, pour consacrer à la postérité la mémoire de la confirmation du titre et des prérogatives de Capitale de la province de Champagne, en faveur de la ville de Troyes, par Louis-Auguste de*

Bourbon, roi de France, XVI⁰ *du nom, à son sacre à Rheims, en l'année* 1775. (Troyes.) Une feuille in-plano encadrée.

Ces vers ont été composés en collaboration avec Hermé, chanoine honoraire de Saint-Urbain de Troyes.

17°. *Tableau du Monde* (en vers). Voir *Suite de la Clef,* etc., décembre 1776, p. 475.

18°. *Almanach de la ville et du diocèse de Troyes, capitale de la Champagne.* Troyes, 1776-1786, 11 vol. in-24.

Après la mort de Courtalon, M. Simon, de Troyes, son collaborateur, rédigea seul cet almanach jusqu'en 1791 inclusivement : la collection des almanachs se compose donc de seize volumes.

19°. *Discours sur les Beaux-Arts, prononcé pour la distribution des prix de l'école gratuite de Dessin.* Troyes, veuve Gobelet, 1778, in-8°.

— Le même. Paris, 1778, in-12.

20°. *Eloge de Pierre Mignard, dit le Romain, premier peintre de Louis XIV.* Troyes, veuve Gobelet, 1782, in-12 de 45 p.

21°. *Notice sur le fameux Rabbin Salomon-Jarki.* Voir *L'Esprit des Journaux,* février 1781, p. 274.

22°. *Le Coucou et l'Alouette,* Fable imitée de l'allemand de M. Hagedorn. Voir *L'Esprit des Journaux,* septembre 1781, p. 255.

Cette fable est signée : *Par le chevalier de La Croix-la-Beigne.*

Courtalon avait pris le pseudonyme donné ci-dessus d'une croix appelée *la Beigne* ou *la Motte,* et qui se trouve sur le finage de Sainte-Savine, paroisse de notre abbé. D'après une tradition populaire, les jeunes filles qui désirent se marier dans l'année, vont déposer une motte de terre sur un des bras de la croix : de là son nom. Nous croyons plutôt que ce nom de *la Beigne* ou *la Motte* lui vient tout simplement de la butte ou motte de terre sur laquelle elle est élevée.

23°. *La vie du pape Urbain IV, suivie de celle de Pierre de Celle, de Comestor et de Salomon Jarki, pour servir à l'histoire littéraire de Champagne.* Troyes, veuve Gobelet, 1782, in-12.

24°. *A Monsieur le Rédacteur des Annonces et Affiches de Troyes.* Voir *Annonces, Affiches et Avis divers de Troyes,* 1782, p. 44.

Cette lettre a pour but d'engager le chapitre de la Cathédrale de

Troyes à faire graver l'épitaphe de M. de Taix sur le marbre ou sur le cuivre.

25°. *Le Brochet*, Fable imitée du latin de Camerarius.

26°. *Le Prédicateur*, Conte.
Ces deux petites pièces sont insérées dans *L'Esprit des Journaux*, août 1782, p. 283 et suiv.

27°. *Notice sur Antoine Caracciole, évêque de Troyes du XVIe siècle*. Voir *L'Esprit des Journaux*, janvier 1782, p. 243.

28°. *Lettre sur un point d'orthographe.*
Insérée dans *L'Esprit des Journaux*, janvier 1783, p. 265, cette lettre fut réfutée dans le même journal, mars 1783, par M. Harduin, qui était l'attaqué.

29°. *Topographie historique de la ville et du diocèse de Troyes*. Troyes, veuve Gobelet, 1783-1786, 3 vol. in-8°.

30°. *A M. le Rédacteur du Journal de Troyes.*
C'est une notice historique et nécrologique sur M. François Chèvre de la Charmotte, doyen curé de Villemaur. Elle est insérée dans le *Journal de Troyes*, 1783, p. 65 et 68.

31°. *Le Loup qui a fait un vœu*, Fable imitée des Fabliaux. Voir *L'Esprit des Journaux*, mai 1783, p. 269.
Cette fable est signée : *Par un solitaire des environs de Troyes.*

32°. *Les deux Tonneaux*, Fable.
Elle est signée comme la précédente

33°. *Epigramme.*
Ces deux petites pièces sont insérées dans *L'Esprit des Journaux*, juin 1783, p. 253.

34. *Notice sur le faux Baudoin, de Flandres*. Voir le *Journal de Troyes*, 1783, p. 168.

35°. *(Dissertation sur d'anciens usages Gaulois)*. Voir le *Journal de Troyes*, 1784, p. 16.

36°. *A M. le Rédacteur du Journal de Troyes.*
Dans cette lettre, insérée dans le *Journal de Troyes*, 1784, p. 22, Courtalon, après avoir répondu à la critique de l'article précédent et raillé Grosley, son censeur, cite une seconde ordonnance des Druides, d'après le P. Taillepied, dans sa *République des anciens Français*, liv. 1er.

37°. *Réponse à M. le Critique du n° 9 du Journal de Troyes.*

C'est un article inséré dans le *Journal de Troyes* où Courtalon reproche à Grosley l'envieuse critique qu'il a faite de l'article précédent dans une *lettre* anonyme signée : *Le Critique de l'imbécillité duquel vous avez ri.*

38°. *Projet en faveur des petites écoles de la Champagne.* Voir le *Journal de Troyes*, 1784, p. 41.

Ce travail, signé C. N., lettres initiale et finale du nom de Courtalon, fut apprécié, dans le même journal, même année, p. 54, par le chevalier de B...., qui y ajouta quelques réflexions.

39°. *A M. le Rédacteur du Journal de Troyes.*

Cette note sur d'anciens usages de l'Eglise, relativement aux noces, est insérée dans le *Journal de Troyes*, 1785, p. 3.

40°. *La Fourmi et la tête de Cheval*, Fable. Voir *L'Esprit des Journaux*, février 1785, p. 278.

41°. *La Perdrix et le Faucon*, Fable imitée de Bidpay. Voir *L'Esprit des Journaux*, juin 1785, p. 273.

42°. *Le Villageois et son Cheval*, Fable.

43°. *L'Ecorcheur et l'Usurier*, Fable.

Ces deux fables ont paru dans *L'Esprit des Journaux*, août 1785, p. 261-262.

44°. *A M. le Rédacteur du Journal de Troyes.*

Cette lettre, donnée par le *Journal de Troyes*, 1785, p. 190, renferme des remarques sur un extrait du *Délassement de l'Homme sensible*, par M. d'Arnaud, insérée dans le *Journal de Troyes*, même année, p. 186.

45°. *Sur une opinion de M. Bernardin de Saint-Pierre, dans ses Etudes de la Nature.* Voir *L'Esprit des Journaux*, novembre 1785, p. 284.

46°. *Le Chat pris pour juge*, Fable imitée de Bidpay. Voir *L'Esprit des Journaux*, avril 1786, p. 283.

47°. *A M. le Rédacteur du Journal.*

Cette lettre, insérée dans le *Journal de Troyes*, 1786, p. 99, répond aux reproches adressés à l'auteur de la *Topographie historique, etc., de Troyes*, au sujet de cet ouvrage.

48°. *Le Chapon*, Conte imité de l'Italien. Voir *L'Esprit des Journaux*, mars 1787, p. 295.

On attribue à Courtalon une traduction du poème de Sannazar *De partu Virginis*, et du poème de Claudien *De raptu Proserpinæ*.

On lui attribue encore une Héroïde ayant pour titre : *Patkul à Einsedlen*.

Courtalon a laissé en manuscrit l'*Histoire des comtes de Champagne et de Brie*, ouvrage des dernières années de sa vie, et qu'il destinait à l'impression ; la Bibliothèque publique de la ville de Troyes en possède deux exemplaires : l'un auquel est annexée une *Carte des principaux domaines des comtes de Champagne, pour servir à l'histoire de ces princes,* dressée, en 1785, par M. Courtalon, ingénieur-géographe, frère de l'auteur, est le manuscrit original ; l'autre est une copie faite par M. Jannet, employé à la Bibliothèque de Troyes. Courtalon a laissé aussi l'*Histoire de la châtellenie, baronnie et duché de Villemaur, ensuite duché d'Estissac, pour servir à l'histoire de Champagne,* rédigée d'après les mémoires de M. Chèvre de la Charmotte, doyen-curé de Villemaur. Ces deux manuscrits de Courtalon avaient d'abord été déposés aux Archives de l'Hôtel-de-Ville de Troyes : de là ils ont été transférés à la Bibliothèque de la même ville.

Nous dirons en terminant cette partie bibliographique de la notice que nous ne prétendons pas avoir donné une liste complète des travaux littéraires de Courtalon ; il est si difficile de saisir, sans indication aucune, une pièce fugitive perdue, pour ainsi dire, dans ces immenses recueils qu'on appelle le *Journal de Verdun*, le *Mercure de France*, *L'Esprit des Journaux*, etc. ! Seulement, nous aurons la satisfaction d'avoir sauvé de l'oubli, en les désignant par leur titre et par la place qu'ils occupent dans les recueils, une foule de petites productions peu connues et cependant dignes de l'être.